MAGISCHE ODYSSEE

Ein poetisches Tage- und Nachtbuch

CHRISTINE KELLER

Impressum:

Bibliografische Information der deutschen Nationalbibliothek:
Die deutsche Nationalbibliothek verzeichnet diese Publikation in der deutschen
Nationalbibliografie; detaillierte bibliografische Daten sind im Internet über
dnb.dnb.de abrufbar.

Autorin und Illustratorin: Christine Keller
1. Auflage 2021
Herstellung und Verlag: BoD – Books on Demand,
Norderstedt
Covergestaltung: Jasmin Kraft unter Verwendung einer Grafik
© Can Stock Photo / Arcady
Satz, Layout: Jasmin Kraft
ISBN: 978-3-7526-1815-0

POETISCHES VORWORT DER AUTORIN

Bücher sind
unberechenbare Wesen
dieses hier schrieb
und zeichnete ich
um den Atem
von Tag und Nacht
einzufangen
um Bild und Text
miteinander sprechen zu lassen
um dir poetische Rettungsringe
zuzuwerfen
in der Odyssee des Lebens
doch es funktioniert
nur durch dich
liebe Leserin
lieber Leser
schlag das Buch auf
dann blinzelt es dir
schelmisch
und wie ich hoffe
auch erschreckend nah zu
ergreife die Rettungsringe
für eine kurze Zeit
sollen meine Augen
auch deine Augen sein
wenn wir uns
eine Überlebensdosis
Magie teilen

FSC
www.fsc.org

MIX

Papier aus ver-
antwortungsvollen
Quellen
Paper from
responsible sources

FSC® C105338

manche Tage
werden von
Großmüttern
aus flauschigen
wärmenden
Wollresten
gestrickt
es wird geflüstert
dass es ohne
solche Tage
keine Zukunft gibt

**manche Tage
sind einfach
zum Dreinbeißen!**

manche Tage
auch freundlich
angesprochen
antworten nicht
lösen sich auf
im Allerweltsgrau
während fern
ein Nebelhorn dreimal tutet

manche Tage
riechen nach Aufbruch
streben forward
zum Bahnhof
...
doch bereits
Bahnsteig eins
stoppt ihre Flucht
dort wartet
die große Erwartung
und alles ist
fremd
und vertraut
zugleich

manche Tage
sind Instantsuppen
verachtet sie nicht
die Booster
der Überlebenskunst

manche Dämmerung
atmest du
ein
und aus
und ein
und aus
schweißnass
schiebst du Gedanken
durch den kühlen Fensterspalt
wie Münzen
in den Automat
der spuckt dir
einen Becher raus
voll Luft und Freiheit

manche Nächte
sind eine gefühlsmäßige
Beleidigung
die allein
die dumpfe
Straßenlaterne
mitbekommt

manche Morgen
sind nicht scheu
streichen dir
so viel Butter aufs Brot,
dass sie dir auf Anhieb
ein Lächeln entlocken

manche Nächte
schlüpfen in dein Ohr
und lassen nonstopp
denselben Song youtoben

manche Tage
sagen nur »Waldblümelein«
und zaubern
dich zurück
in ein früheres Leben

manche Tage
gehören der
11
die auf
10
deiner Fragen
stets nur
1
Antwort hat
an solchen Tagen
hält das Universum
Sprechstunde

manche Abende
wachsen mit dem Regen
du wirst zum
Avatar
lässt Gräser sprießen
aus deinen Händen

manche Tage
sind Weihnachten XXXlarge
es klingelt
der Läufer läuft zur Tür
und verschollen geglaubte Briefe
werden ausgehändigt
es sind Tage
die schmunzeln
ihre Nachmittage
sind Kuschelwolken
du liest und liest
Brief um Brief
Wunderkekse mit Zimt und Kardamom
wandern in deinen Mund
der Tee treibt Jasminblüten
du liest und liest
Brief um Brief
bis die Sterne
ans Fenster klopfen

manche Tage
ziehen Käsefäden
du nennst es Gemütlichkeit
und hast das Gefühl
du kannst alles
um die Gabel wickeln

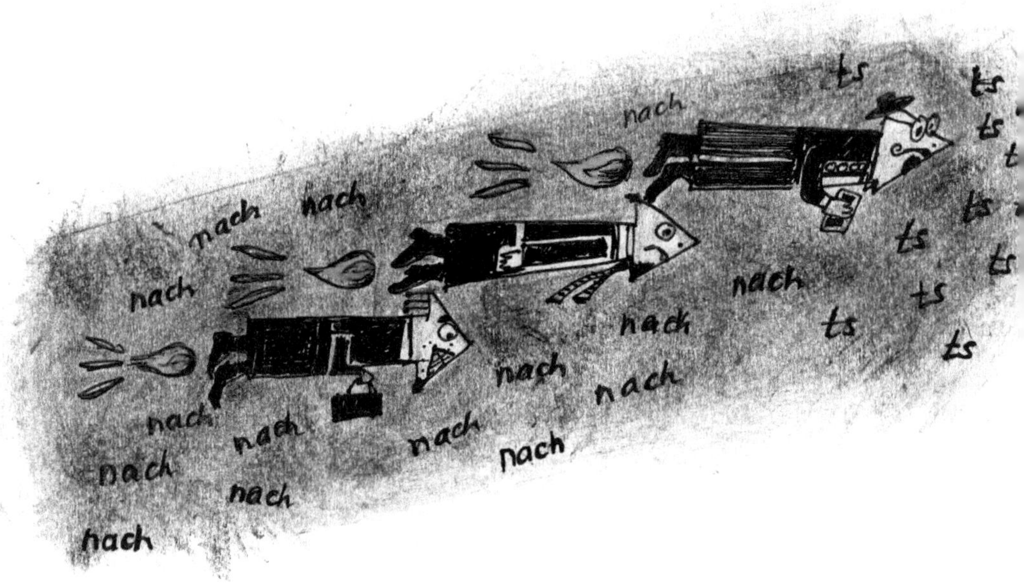

manche Tage
gehn
hurtig hurtig
vorbei
sind busy
bis zum Anschlag

manche Tage
sind Tage der
offenen Tür
»HEREINSPAZIERT«
ist ihr Motto
scheußliche Klamotten
nie getragener Schmuck
überfällige Festessen
Vasen ohne Blumen
Lexika, 50 Bände gebunden
unbeliebte Lieblingsbilder
alles muss weg
solche Tagen
entSORGEN
mit kosmischer Kraft

manche Tage
werden dir
untergejubelt
du kannst sie
nicht zurückgeben
nur mit Schockolade
neutralisieren
und dann mit Kaffee
nein
mit GANZ VIEL Kaffee
herunterspülen

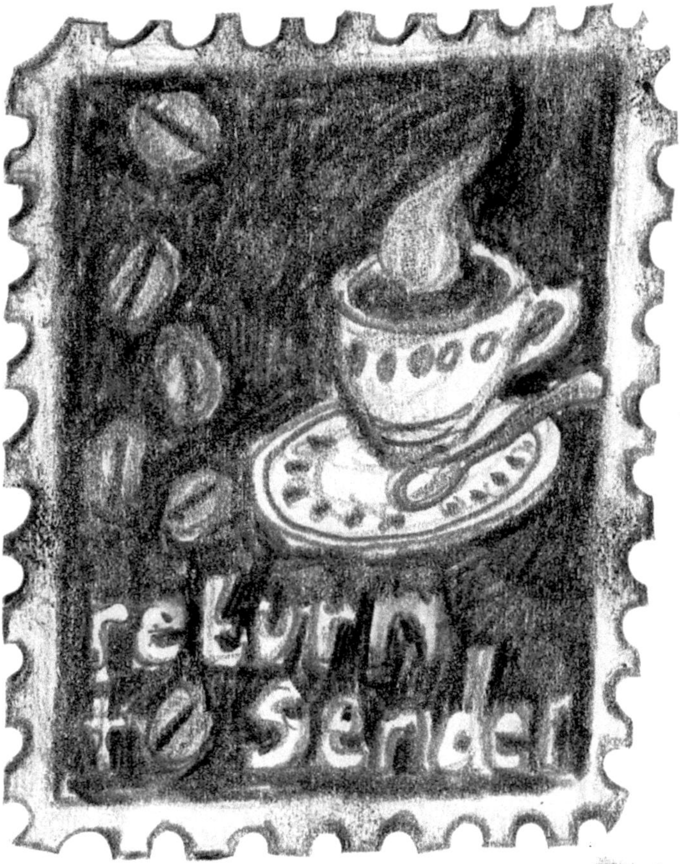
return
to sender

Absender: Kosmos
Bitte einschreiben!
DATUM
Letter
to do-day

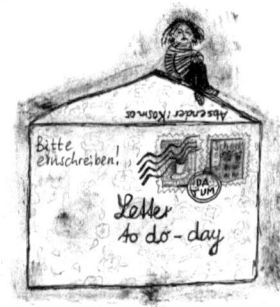

manche Mittage
spannen um 13 Uhr 13
über dir
ihren Schirm auf
mit Glückskäferlook
so dass jede Angst
Reißaus nimmt

manche Tage
in Manchesterhose
und Wollweste
blicken zurück
läßig
an die merklich
kühler werdende
Mauer des Abends
gelehnt

mancher Tag
heißt Sonntag
und ist als Garten verkleidet
mit fröhlich verschlungen Wegen
und einer Trauerweide bestückt
die ihre Zweige filigran
über den Pavillon streckt
in welchem Tea and Scones
auf dich warten

manche Nächte
schluchzen
traurig
so tief traurig
dass sogar der pinke Mond
seine Bahn unterbricht
und
eine Wolke reicht
als Taschentuch

manche Tage
wollen, müssen und dürfen
außerordentlich nobel sein
sie tragen in der
Mitte der Mitte der Mitte
einen funkelnden Edelstein

manche Tage
sind Karussells
verdrehn dir
den Kopf
Licht und Schatten
lechts und rinks
alles verwischt
du fliegst
nein fliehst
auf dem hölzernen Pferd
im Kreis herum

manche späte Abende
sind so onkelhaft
vertrau ihnen nicht!
versprechen sie dir süße
Träumeschäume
dann kannst du nur eines tun:
renn weg und versteck dich
in der tiefsten Nacht

manche Tage
verleihen dir
spitze Ohren
damit du ihn hörst
den fernen Klang
der lila Glockenblume
in leuchtender Feenhand

manche Nächte
schneien
ein Schlaflied
für alle Echos
der Welt
weiße Traumfänger
durchwirbeln
die Gedanken
und Uhren
halten
den Atem
an

manche Abende
hast du verloren an deine
höchst persönliche Odyssee
bis du den Stecker ziehst
des world wild web und
ein analoges Fenster öffnest
zu einer analogen Regennacht

mancher Morgen
ist so allein
ohne dich
BLEIB NICHT IN DEN FEDERN
fleht er dich an
es muss also sein ...
erst streckst du ihm
dein Bein entgegen
doch ziehst es dann
mit einem Ruck
zurück
LIEBER MORGEN
sagst du
ES WÄRE GANZ NETT
EIN BREAKFAST IM BETT
DANN VERGESS' ICH
ALL MEINE SORGEN

manche Morgen
fliegen
unter einem
guten Stern
herbei zu dir
sie schlagen
unberechenbar
und sacht
mit ihren
Kirschbaumblütenflügeln

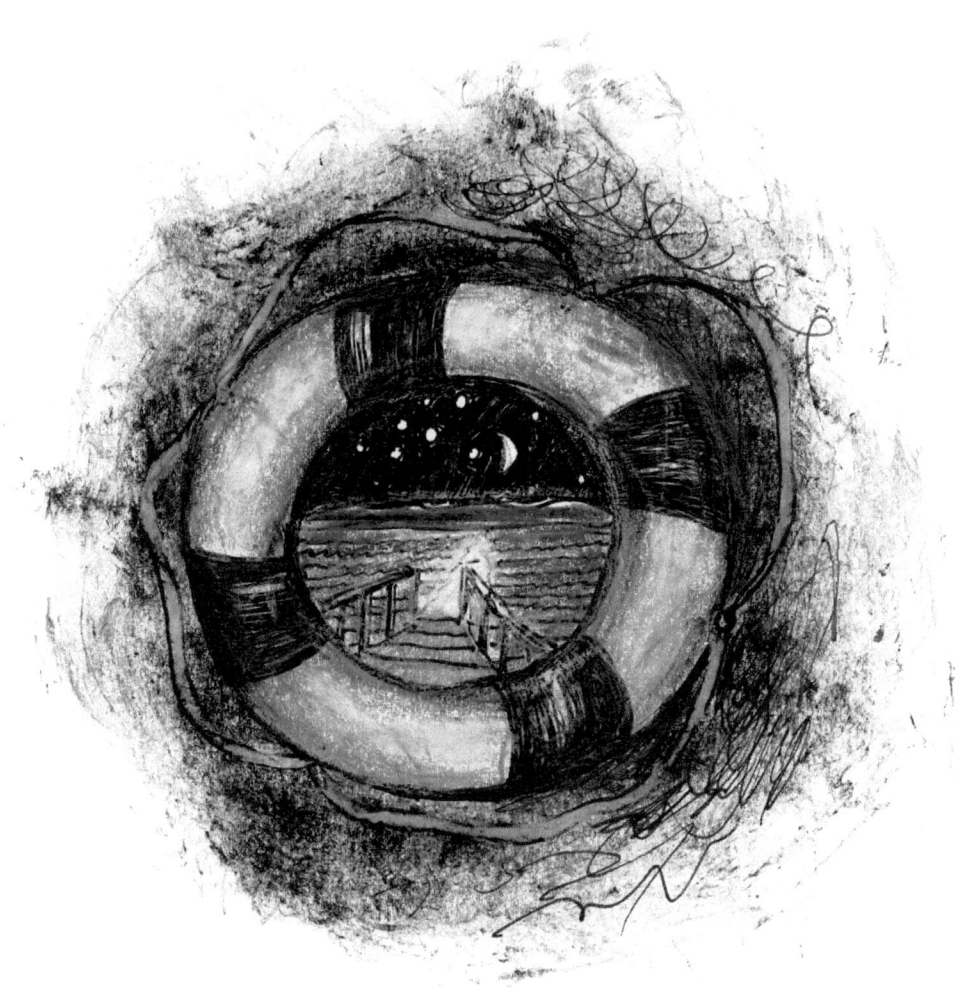

manche Mitternachtsstunden
laden dich ein
deine Träume zu verschieben
zum Hafen zu laufen
wo Wellen
ihren Text rekapitulieren
und Taucherenten
verschlafen kommentieren
wo der alte Rettungsring
den Steg bewacht

manche Tage
stehen unter der Diktatur
des Rasenmähers
dem vorübergehend
alle Blumen zum Opfer fallen

manche Tage
werden von kleinen, mittleren und großen
Kindern gefragt:
BITTE ERZÄHL MIR WAS!
doch diese Tage
seufzen nur
weil sie müde Alterchen sind

manche Tage
bestehen nur aus Sturm
sei niet- und nagelfest
sonst wirst du mitgerissen
aus deiner Komfortzone entfernt
und überfliegst die Gebirge
der sogenannten Gewohnheit

mancher Abend
ist ein Buch
das vor dir
liegt
Seite 22
spiegelt still
das Ufer
welches zu Dunkelheit
und Geheimnis
werden will
Seite 23
ist Gesang
da fliegt die Nachtigall
fliegt in das Tal
in das Tal
deiner zauberhaften Seele

manchem Tag
sagst du erleichtert
GUTE NACHT
wenn er
seinen Mantel
abholt
bei deiner
Garderobe

manche Stunden
heißen wie Tiefs
Maximus
Eugen
Corinna
Ingrid
sie ziehn einfach
über dich hinweg

manche Tage
regnen so vor sich hin
gähnen in die Leere
seufzen sinnlos
hinüber
zu Nachbars Gartenzaun
diese Tage
ignorierst du
am besten
bei Kaffee
verbunden mit
endlosen Telefonaten

manche Momente
sind schwarze Löcher
keine Chance
für Gebete
am Ereignishorizont
da ist nur
eine Entscheidungsfront:
Panik
oder
Vertrauen

manche Momente
huschen traumsicher
durchs Labyrinth
deiner Seele
und verwandeln Berührung
in Ewigkeit

manche Tage
geraten mit dir in Konflikt
weil der Buchfink insistiert
weil der Wind die Wolken treibt
weil die Wiese lila überschäumt
manche Tage
machen dich ratlos glücklich

manche Tage
führen Kriegstagebuch
gegen alles
was nicht
auf kariertes Papier
geschrieben
und mit Häkchen
versehen ist

manche Momente
sind rettend
weil sie dich
verstummen lassen
dein Schweigen
trägt dich auf Schwingen
und setzt dich ab
unter dem Baum
des Friedens

manche Tage
sind Dämonen
du entkommst ihrer
Kunst der Fesselung nur
indem du in alle
vier Himmelsrichtungen
spuckst
und dann so tust
als wäre nichts ...
glaub mir
auch an solchen Tagen
wacht ein Engel
über dir

manche Tage
sind schön
einfach nur schön
der Frühling mixt
seinen Duftcocktail
Wogen durchlaufen
Meere von Raps
Grillen stimmen
zaghaft die Geigen
und Umwege werden
wieder zu Wegen
auf denen
Menschen wandern
Hand in Hand

manche Stunden
sind Pralinen
No 1 kugelt fett und rund
No 2 lockt mit Pistazie
No 3 ein Snob in Zigarrenform
No 4 offenbart im Innern Marzipan
No 5 knirscht mit seinen Nüssen
No 6 in Weiß hast du noch nie geschmeckt
No 7 sonnt sich im Aroma unbekannter Beeren
No 8 als Spezialität des Hauses ist wohl verpackt
No 9 prahlt mit viel Prozent an Kakao
No 10 sitzt verlassen in der Ecke
No 11 beginnt die No 10 zu necken
und so weiter und so fort
bis zum süßen Ende
gehen die Pralinen
nun durch deine Hände

manche Tage
geben dir
ein einziges
Streichholz
und Fragen
brennen lichterloh
die Antworten
liest du
irgendwann
in der kalten
Asche

manche Tage
wollen
gemischt
geknetet
gebacken
werden
wie gutes Brot

manche Tage
liegen vor dir
wie endlose Felder
aus knirschendem Schnee
Nächte
aus Ebenholz
sind durchgestapft
man sieht noch
hoffnungsvoll
die Spuren
bis zum
Horizont

manche Momente
basieren auf Seifenbasis
hauchst du ihnen
Leben ein
entfalten sie
pulsierend
Raumzeit –
ihre schillernde Schönheit
steigt
und schwebt
bis ihre Blasen
zerplatzen

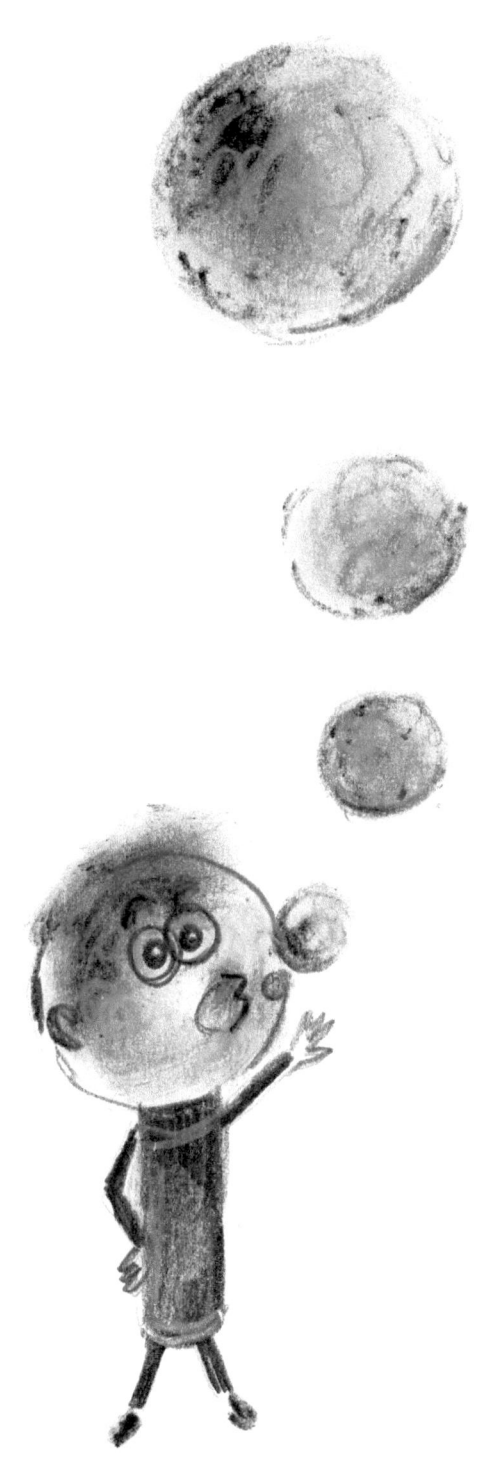

manche Tage
haben vier Wände
aber kein Ende
an solchen Tagen
nimmst du am besten
dein Herz in beide Hände

manche Tage
sind so stinkgrausigparanormalschmutzig
du musst sie
bei 95 Grad waschen

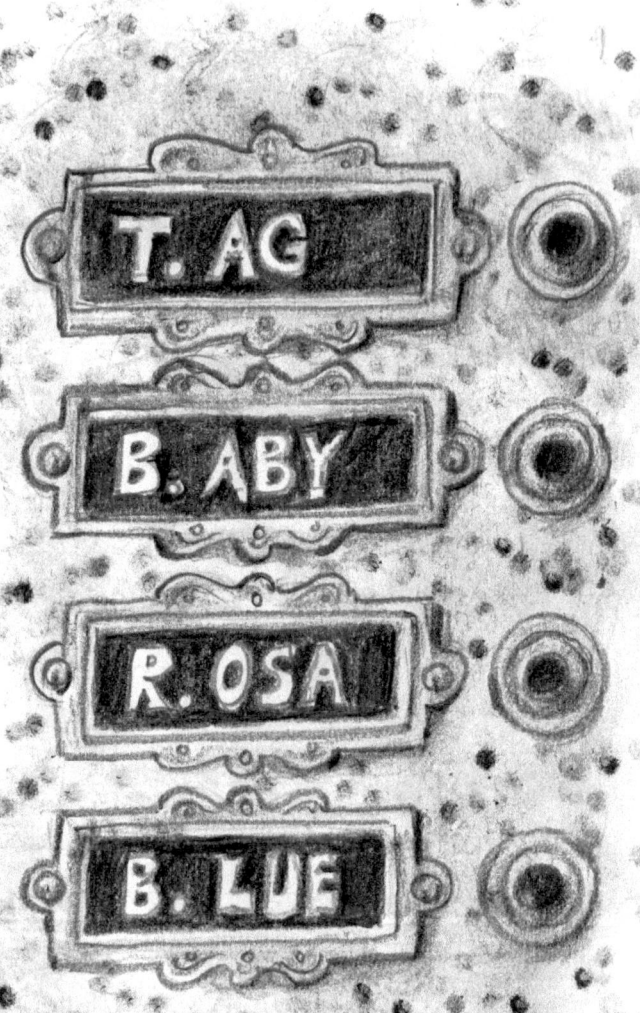

manche Tage
klingeln
bei dir
nennen dich
Baby
möchten
fürs Leben gern
spielen mit dir
mal in Rosa
mal in Blue

manche Tage
blitzen auf
wie Delfine
welche springen
und wieder eintauchen
ins Kontinuum der Zeit

manche Tage
mit Himmelskranz
und Goldaugen
hauchen:
VERGISS MEIN NICHT
kitzeln dich am Ohrläppchen
und zaubern dir Grübchen
ins Gesicht

manche Tage
machen BÄH!
und du bist erwischt
in deinem Versteck -
es durchzuckt dich
ein kleiner Stromschlag
der Enttäuschung
oder vielleicht
der Erkenntnis?
doch eines bleibt dir:
mach eine lange Nase
und gib BÄH zurück

manche Tage
bilden eine verstörende Reihe
in deiner Agenda:
der Tag der leeren Stühle
der Tag der offenen Wunden
der Tag der wachsenden Ängste
der Tag der verlorenen Termine
der Tag der verbotenen Hoffnungen
doch dann
der Tages des ersten Wortes

manche Tage
tragen Namen
doch Namen
sind Kappen
für Narren

manche Tage
erinnern dich
unweigerlich
das liegt an ihrer Zahl
Daten sind
fröh - und fürchterlich
du denkst:
da seh' ich
keinen Sinn darin
ich zähl' nicht mehr
erkläre jeden Tag
mit NULL
zum Neubeginn

manche Nächte
sind Gezeitennächte
und wohnen
am Horizont
sie suchen dich
sie fliehen dich
dich, die kleine Welle
in ihrem
dunklen Spiel

mancher Morgen
ist eine Dramaqueen
Shirt voll Flecken
Augen verquollen
Mund zerknittert
Krone in der Reinigung
der Spiegel sagt dir:
PARDON UND ENTSCHULDIGUNG
DOCH DIESE QUEEN
SEID IHR SELBST
MAJESTÄT
MAN WARTET AUF SIE
NACH IHNEN VERLANGT DER RAT
BEVOR ER SICH WIEDER VERTAGT

manche Stunden
kommen
immer
zu zweit
singen
im Chor
baumeln
fröhlich vereint
an deinem Ohr

manche Tage
hageln
auf den Kopf
schneien
auf die Birne
regnen rücksichtslos
in Strömen
und alles zugleich
da wird
der stärkste Mut
leicht aufgeweicht

manche Tage
wackeln
wie der Dackel
von Frau Frederike Frackel
und ihrem Leonhard Lackel
sie im Kaschmirjackl
er mit Hundesackl
was für ein Überraschungs-Packl!

manche frühe Morgen
sind ein Geheimfach
in Ururomas Sekretär
zögernd
drehst du
den Schlüssel
in der Hand:
willst du
entdecken
oder
entsorgen?

manche Tage
folgen dir
in den Abendwald
wo zwischen Stämmen
Elfenlichter
Zwergenschatten
jagen
und wo du
ganz für dich
deinen Weg
ins Dämmergrün
erfinden musst

manche Tage
schielen und
sind Meister darin
Momente zu verpassen
noch schlimmer
können sie sich
nicht entscheiden
weder für Zukunft
noch für Vergangenheit

manche Tage

...

manche Tage
nehmen funkelnd
Abschied
von allen Wolken
nenne sie Wandertage
du packst
ein klein wenig
von deiner Gewohnheit
in den Rucksack
bevor du den Berg erklimmst
der immer schon vor dir stand
dort oben
lacht die Dohle
die Akelei nickt dir zu
der Wind bläst
und mischt sich ein
in deine Gedanken

manche Abende
sind Leuchttürme
sie scheinen nur für dich
ihre Treppe führt
zu den Sternen
doch du selbst
bist ihr Licht

manche Tage
gingen verloren
diejenigen
mit dem honigbraunen Blick
der einst so tief
in deiner Seele wohnte
du suchst und suchst und suchst
durchwühlst
das Geheimfach des Handy
fragst nach
im Fundbüro der Zeit
forderst
jedes Orakel heraus
in Gedanken siehst du diese Tage
zerstört
zerrissen
verblutet
doch sogar Katastrophen
brauchen eine Pause
du sinkst auf den Küchenstuhl
und siehe da:
vor dir an der Wand
da hängen sie
die verlorenen Tage
und klammern sich
an den Kalenderrand

mancher Tag
der ist ein Stein
weiß und rund und klein
und schläft
in deiner Manteltasche
er ist
ein Teil von dir
von Zeit
zu Zeit
da fühlst du hastig nach:
genau er ist noch hier!
dann musst du ihn
ein wenig streicheln
den weißen, runden, kleinen
Stein

manche Tage
behaupten
sie verstünden sich
auf die Erfüllung
von Wünschen
doch wenn du
mit dem Goldesel beginnst
und mit ewiger Gesundheit
lachen sie dich aus
versichern dir
die Märchenzeit
sei vorbei
glaub ihnen nicht!
Wünsche
sind so leicht
und weit
wie der Atem
der Menschen
und
haben die Kraft
zu verwandeln

manche Tage
sollte man aus dem
Horrorskop streichen
auf allen Kanälen sperren
überspringen
wie Lücken im Text

mancher Abend
ist ein Planet
der meerwärts seine Bahn zieht
Delfine
Strandkiefern
sogar der Wind -
alles verstummt
vor seinem dunklen Glanz
auch der Drachen
liegt im Sand
und knistert leicht
vermisst
die ungestüme Kinderhand

manche Nächte
wollen nicht enden
die Zeiger rauben dir
Stunde um Stunde
und die Zeit lässt es zu
Unruhe treibt dich
überall hin
du bist verwirrt
denn etwas tobt
in dir
wie ein verwundetes Tier
solche Nächte
wollen und wollen
nicht enden

manchen Tagen
trau besser nicht
sie mischen sich ein
noch bevor sie
richtig begonnen
sie sagen
es sei zu spät
sie seien dir
entronnen
das Beste ist
du schaust nur auf dich
dann hast du bereits
gewonnen

manchen Abend
näht man am besten
als Flicken
über den vergangenen Tag

manche Nachmittage
halten zur Verdauung
einen kleinen Schlaf
dazu brauchts keine Herde
nur ein einzelnes Schaf
es darf nicht blöken
läuft einfach dahin
wie eine kleine Wolke
ein mutiges Schaf
es hebt dich
aus deinem selbst
kreierten Stress
des ewigen yes yes yes
sei mutig wie das Schaf
sonst wirst du es bereuen!

manche Tage
sind
nouvelle cuisine
tropengeprüft
wasserfest geschminkt
stichfest
humanmedizinisch ungefährlich
fit bis zum Anschlag
solche Tage
sind mein Schrecken
das Schicksal
verschone mich
davor!

manche Morgen
riechen
nach Puder
und nach
nasser Wolle
nach Veilchenblüten
und nach
Honigbrot
nach Babyblue
und nach
ich und du

manche Tage
mit
Lesebrillen
Kreuzworträtseln
Hustenbonbons
und Winkewinke
am Gartentor
sind deine Großväter
sei freundlich
wenn du ihnen
begegnest

manche Tage
rasieren sich nie

mancher Tag
ist dir ein Orakel
stell den acht Tentakeln
acht Fragen
dann hast du
das achtfache Debakel

manche Tage
sind den Frauen
dieser Welt gewidmet
den
Influencerinnen
Textmarkiererinnen
Universalkleberinnen
Bräutinnen
Neoprenschamanninnen
Verschaukelstuhlschreinerinnen
Revolutionährerinnen
Kochinseltrabantinnen
Lebensversicherungsretterinnen
Zusatzversicherinnen
Reiseerheiterinnen
Apfelschimmelreiterinnen
Elefantenreiterinnen
Antiprinzipienreiterinnen
Yogaspreaderinnen
Sandalenvandalinnen
Verputzhauerinnen
Zertretminenaufspürerinnen
Krankheitsspioninnen
Muttertagsverweigerinnen
Leererinnen

manche Tage
sind eisheilig
ziehn böse herum
versteck dich vor ihnen
am besten bei
Popcorn und Zuckerwatte

manche Tage
stammen aus dem
Möbelversand
sie sprechen
nur Englisch
fix the shelf
do it yourself
funny enough
let us pray
you can stay
and shit
can happen
fix it lower
not above
don't
dream it away
my love

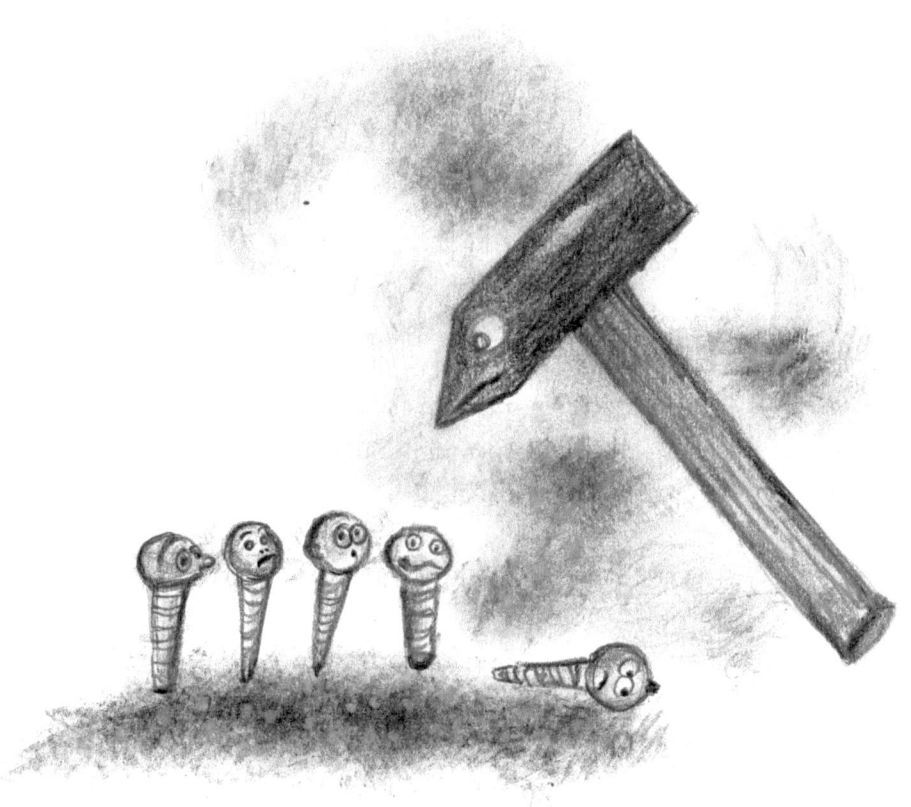

manche Tage
blubbern
unter Wasser
vor sich hin
ihre Geheimnisse bleiben
Interna im Seerosenwald
nur hie und da
steigen Luftblasen
aufgeregt und
kaum verständlich
hinauf zu dir

manche Tage
klingen zu dir
aus Nachbars Fenster
in einer Melodie
die hattest du
schon lang vergessen
doch jetzt singt sie zu dir
nur leicht verstimmt
die Melodie
durch wehende Gardinen
erblüht sie neu
in purpleblue
auf abgenutzten
Pianotasten

manche Tage
verleiten dich zu Höhenflügen …